D1717410

Nous avons tous des relations qui sont importantes pour nous, que ce soit avec notre conjoint, nos enfants, nos amis ou nos collègues de travail. Et il est normal d'avoir des hauts et des bas dans ces relations. Cependant, il y a des moments où nous voulons aller plus loin et améliorer ces relations.

C'est pourquoi j'ai créé ce livre pour vous. Dans les pages qui suivent, je partagerai avec vous mes connaissances et mon expérience personnelle sur la manière d'améliorer les relations de manière significative. Je vais vous montrer comment établir des fondations solides, comment communiquer efficacement et comment résoudre les conflits de manière positive.

Ce livre est rempli de conseils pratiques, d'anecdotes inspirantes et d'exemples concrets pour vous aider à mettre en pratique ces techniques. Alors, préparez-vous à prendre votre vie de relations personnelle et professionnelle à un niveau supérieur et à améliorer sa qualité de vie.

SOMMAIRE

INTRODUCTION

Les relations sont un élément central de notre vie. Qu'il s'agisse de nos relations amoureuses, familiales, amicales ou professionnelles, elles peuvent avoir un impact majeur sur notre bonheur et notre bien-être. Cependant, nous avons tous des hauts et des bas dans ces relations et il peut être difficile de savoir comment les améliorer et les maintenir sur le long terme. Si vous cherchez des conseils pratiques pour construire des relations saines et durables, vous êtes au bon endroit.

CHAPITRE 1 :

COMPRENDRE LA BASE DES RELATIONS SAINES

Une relation saine en mettant l'accent sur la communication, la confiance et la compréhension mutuelle.

J'ai un ami qui avait l'habitude de dire que les relations étaient comme des plantes. Si vous ne leur donnez pas suffisamment d'eau et de soleil, elles vont dépérir. Mais si vous les nourrissez et les soignez avec attention, elles vont grandir et fleurir. Cette métaphore simple, mais puissante, m'a fait réaliser à quel point les relations saines étaient importantes dans ma vie. Elle m'a également appris qu'il était essentiel de comprendre les bases pour construire des relations saines et durables.

Les relations sont fondées sur des bases solides. Dans ce chapitre, nous allons explorer les éléments clés qui constituent la base des relations saines.

- **La communication**
- **La confiance**
- **Le respect**
- **L'empathie**
- **L'équilibre**

1- La communication : La communication est la pierre angulaire des relations saines. Il est essentiel de communiquer ouvertement et honnêtement pour construire des relations solides.

- **Le style passif :** La personne évite les conflits, n'exprime pas ses sentiments ou ses opinions et laisse les autres prendre des décisions à sa place. Ce style peut entraîner un manque de respect de soi et des problèmes de communication.

- **Le style agressif :** La personne impose ses opinions, ses sentiments et ses désirs aux autres, sans tenir compte de leurs besoins. Ce style peut mener à des conflits et une mauvaise communication.

- **Le style passif-agressif :** La personne exprime son mécontentement de manière indirecte, par exemple en utilisant des sarcasmes ou en ignorant les autres. Ce style peut causer de la confusion et de la frustration chez les autres.

- **Le style assertif :** La personne exprime ses opinions, ses sentiments et ses besoins de manière claire et respectueuse. Ce style est considéré comme le plus efficace pour construire des relations saines.

Pour appliquer un style de communication **assertif**, il est important de :

- S'exprimer de manière claire et précise
- Écouter activement l'autre personne sans juger
- Respecter les opinions et les sentiments de l'autre personne
- Être honnête et transparent dans sa communication

En utilisant le style assertif, il est possible de construire de bonnes relations, basées sur une communication ouverte et respectueuse.

2- La confiance : La confiance est un élément clé des relations saines. Pour établir la confiance, il est important de respecter les engagements que nous prenons et de créer des limites claires. Lorsque nous promettons de faire quelque chose, il est important de tenir cette promesse. Cela montre que nous sommes fiables et que les autres peuvent compter sur nous. Si nous ne sommes pas en mesure de tenir une promesse, il est important de communiquer rapidement et honnêtement avec les personnes concernées.

En outre, il est important d'établir des limites claires dans les relations. Les limites sont les règles et les attentes que nous avons pour nous-mêmes et pour les autres. Si nous ne sommes pas clairs sur nos limites, il est difficile pour les autres de savoir comment nous souhaitons être traités. En établissant des limites claires, nous montrons aux autres que nous avons confiance en nous-mêmes et que nous sommes respectueux de nos besoins et de nos désirs.

En respectant les limites que nous avons établies, nous démontrons également aux autres que nous sommes dignes de confiance. Cela leur permet de savoir qu'ils peuvent compter sur nous pour être honnêtes et cohérents dans nos comportements. En somme, en établissant des limites claires et en respectant nos engagements, nous construisons la confiance dans les relations et établissons des bases solides pour des relations saines et durables.

3- Le respect : Le respect est un élément clé pour établir et maintenir de bonnes relations. Pour pratiquer le respect dans les relations, il est important d'écouter activement les autres, sans les interrompre ou les juger.

Cela implique également de valoriser les opinions des autres, même si nous ne sommes pas d'accord avec eux. En évitant les jugements, nous montrons que nous respectons leur point de vue et nous créons un environnement plus positif pour la communication.

Le respect se manifeste également par notre comportement et nos actions. Nous devons être attentifs aux besoins et aux limites des autres et les respecter. Cela peut impliquer d'établir des limites claires dans nos relations, de respecter les engagements que nous prenons et de ne pas les rompre sans raison valable. En respectant ces limites, nous montrons que nous sommes dignes de confiance et que nous respectons les autres.

En somme, le respect est un élément clé pour établir des relations saines et durables. En écoutant activement, en valorisant les opinions des autres, en évitant les jugements et en respectant les limites, nous créons un environnement de confiance et de respect mutuel qui favorise la communication et renforce les liens entre les personnes.

4- L'empathie : L'empathie est la capacité à comprendre et ressentir les émotions et les perspectives des autres. Dans les relations, l'empathie est essentielle pour comprendre les sentiments et les besoins de l'autre, ainsi que pour renforcer les liens. Lorsque nous sommes empathiques, nous pouvons mieux communiquer et éviter les malentendus.

Nous pouvons également offrir un soutien émotionnel à l'autre, ce qui renforce la confiance et le respect mutuels. L'empathie permet également de résoudre les conflits en aidant à identifier les sources de désaccord et en trouvant des solutions qui répondent aux besoins de chacun. Enfin, l'empathie peut aider à établir des relations plus profondes et significatives en permettant aux individus de se sentir compris et soutenus.

5- L'équilibre: L'équilibre est un élément essentiel pour maintenir des relations saines. Il est important de maintenir un niveau de soutien égal pour chaque partie afin d'éviter tout déséquilibre qui pourrait nuire à la relation.

Cela implique de donner et de recevoir de manière équilibrée, en évitant de trop prendre ou donner. Lorsqu'une personne donne plus que l'autre, cela peut créer un sentiment de ressentiment ou d'injustice, tandis que prendre trop peut entraîner un sentiment de culpabilité ou d'insécurité. En maintenant un équilibre sain, les deux parties peuvent se sentir soutenues et valorisées, ce qui contribue à renforcer la relation à long terme.

En conclusion, en comprenant et en appliquant ces éléments clés dans nos relations, nous serons en mesure de construire des relations saines et durables qui peuvent résister à l'épreuve du temps. Dans le chapitre suivant, nous allons explorer comment appliquer ces principes pour améliorer nos relations.

CHAPITRE 2 :

APPRENDRE À MIEUX COMMUNIQUER

Améliorer sa communication, écouter attentivement et formuler des demandes claires.

Lorsque j'ai commencé à travailler dans ma première entreprise, j'ai remarqué que je ne parvenais pas à communiquer efficacement avec mes collègues. J'avais du mal à exprimer mes idées clairement et à comprendre les leurs. En conséquence, je me sentais souvent mal à l'aise et en retrait dans les conversations de groupe.

Cela a commencé à affecter ma confiance en moi et à nuire à mes relations avec mes collègues. J'ai réalisé que si je voulais réussir dans mon travail, je devais travailler sur ma communication.

J'ai commencé à faire des recherches sur les différentes façons de communiquer efficacement et j'ai mis en pratique des astuces telles que l'écoute active et la formulation de demandes claires. J'ai également commencé à participer activement aux conversations de groupe et à partager mes idées.

Au fil du temps, j'ai remarqué que mes relations avec mes collègues s'amélioraient considérablement. Non seulement je me sentais plus à l'aise dans les conversations de groupe, mais mes collègues semblaient également plus enclins à écouter mes idées et à collaborer avec moi.

Cela m'a permis de me sentir plus confiant dans mon travail et de contribuer de manière plus significative à l'équipe. En fin de compte, j'ai réalisé que la communication est l'un des aspects les plus importants des bonnes relations, que ce soit dans le contexte professionnel ou personnel.

La communication est la pierre angulaire des relations saines, mais il n'est pas toujours facile de communiquer efficacement. Dans ce chapitre, nous allons explorer les différentes astuces et techniques pour améliorer votre communication et ainsi construire de bonnes relations.

- **L'écoute active**

L'écoute active est une compétence importante pour une communication efficace. Cela implique de prêter une attention totale à votre interlocuteur, de montrer de l'empathie et de la compréhension pour son point de vue, et de poser des questions ouvertes pour approfondir la conversation.

- **La formulation de demandes claires**

Formuler des demandes claires est essentiel pour une communication efficace. Cela implique de dire ce que vous voulez de manière précise, d'être direct et honnête, et de vérifier que votre interlocuteur a bien compris vos demandes.

- **La communication non-violente**

La communication non-violente est une technique qui implique de communiquer de manière empathique et respectueuse, en évitant tout langage violent ou accusateur. Cela implique d'exprimer vos sentiments et besoins de manière claire et honnête, tout en montrant de l'empathie pour les sentiments et besoins de votre interlocuteur.

- **La communication assertive**

Comme évoquer dans le chapitre 1, la communication assertive est une compétence importante pour communiquer efficacement tout en respectant les autres. Cela implique d'exprimer vos sentiments et besoins de manière claire et directe, tout en respectant ceux des autres. Il est important de trouver un équilibre entre votre propre opinion et les besoins de votre interlocuteur.

- **Les barrières à la communication**

Les barrières à la communication peuvent nuire à une communication efficace. Cela peut inclure des préjugés ou des stéréotypes, des émotions fortes qui entravent la communication, ou des différences culturelles. Il est important d'identifier ces barrières et de travailler à les surmonter pour une communication efficace.

- **La communication numérique**

La communication numérique est devenue un élément important de la communication moderne. Cependant, il est important de comprendre comment communiquer de manière efficace dans un contexte numérique. Cela implique de choisir le bon moyen de communication, d'utiliser un langage clair et concis, et de prêter attention à l'impact de votre communication sur les autres.

En mettant en pratique ces différentes techniques et astuces de communication, vous pouvez améliorer votre communication et construire de bonnes relations. La communication est une compétence qui s'apprend et se développe avec la pratique, alors n'hésitez pas à essayer ces techniques dans votre vie quotidienne.

CHAPITRE 3 :

GÉRER LES CONFLITS DE MANIÈRE EFFICACE

Les stratégies pour prévenir les conflits et les résoudre de manière constructive.

Les conflits sont inévitables dans la vie, mais apprendre à les gérer de manière efficace peut vraiment faire la différence dans nos relations.

Je me souviens d'une situation où j'ai été impliqué dans un conflit avec un ami de longues dates. Au début, nous avons essayé d'éviter le conflit en ne parlant pas de ce qui nous dérangeait. Mais cela n'a fait qu'empirer les choses, et le ressentiment a commencé à s'accumuler entre nous. Finalement, nous avons décidé de nous asseoir et de parler honnêtement de nos sentiments. Nous avons écouté attentivement l'un à l'autre et avons pu comprendre les perspectives de chacun. Bien que cela n'a pas résolu tous nos problèmes immédiatement, cela nous a permis de travailler ensemble pour trouver des solutions et de continuer à maintenir notre amitié. Cette expérience m'a montré l'importance de gérer les conflits de manière proactive et constructive, plutôt que d'éviter le problème.

Et c'est ce qu'on va voir dans ce chapitre...

Comprendre la nature des conflits est essentiel pour apprendre à les gérer efficacement. Les conflits sont souvent considérés comme des événements négatifs, mais ils peuvent en réalité être bénéfiques s'ils sont gérés de manière appropriée.

Il est important de comprendre les différentes sources de conflits pour pouvoir les prévenir et les résoudre efficacement. Les conflits peuvent être causés par des différences d'opinions, des conflits d'intérêts ou de valeurs, des problèmes de communication ou des frustrations accumulées. Par exemple, des conflits peuvent survenir dans une relation amoureuse lorsque les partenaires ont des attentes différentes ou des objectifs de vie divergents.

Les conflits peuvent également être causés par des facteurs extérieurs tels que des changements organisationnels, des problèmes financiers, des problèmes de santé ou des problèmes sociaux. Les conflits peuvent également être causés par des facteurs personnels tels que la jalousie, la frustration, la colère ou la tristesse.

Les conflits peuvent être bénéfiques car ils permettent souvent de mettre en lumière les problèmes cachés et de résoudre les malentendus. En effet, lorsqu'un conflit survient, les parties concernées sont souvent obligées de communiquer et de travailler ensemble pour trouver une solution. Les conflits peuvent donc être considérés comme des opportunités de croissance et de développement personnel.

Cependant, si les conflits ne sont pas gérés efficacement, ils peuvent causer des dommages importants aux relations. Les conflits mal gérés peuvent entraîner une perte de confiance, une rupture de communication et même une rupture de la relation. C'est pourquoi il est important de comprendre la nature des conflits et d'apprendre à les gérer efficacement.

Identifier les signes avant-coureurs de conflits est une étape essentielle pour les prévenir.

Voici quelques points importants à retenir :

- **Une communication médiocre :** Lorsque la communication entre les parties impliquées est altérée, cela peut être un signe avant-coureur de conflit. Des messages mal compris, des malentendus ou une communication verbale ou non verbale négative peuvent conduire à des tensions.

- **Un manque de respect mutuel :** Le manque de respect mutuel peut engendrer des tensions et des conflits. Les comportements comme l'insulte, l'intimidation ou l'ignorance peuvent être des signes avant-coureurs de conflit.

- **Des différences de points de vue :** Les différences de points de vue sont naturelles et peuvent parfois être saines, mais si elles ne sont pas résolues rapidement, elles peuvent dégénérer en conflit. Il est important de reconnaître ces différences et de trouver un terrain d'entente pour éviter des conflits ultérieurs.

- **Des comportements négatifs :** Des comportements tels que l'agression, l'hostilité, la passivité ou la manipulation peuvent être des signes avant-coureurs de conflit. Il faut reconnaître ces comportements et essayer de les modifier avant qu'ils ne provoquent des tensions supplémentaires.

En conclusion, Il est important de noter que ces signes avant-coureurs peuvent varier selon la situation et les personnes impliquées. En étant attentif et en reconnaissant ces signes avant-coureurs, vous pouvez prendre des mesures préventives pour éviter les conflits

Prévenir les conflits : La communication est la clé pour prévenir les conflits. Les personnes qui communiquent régulièrement et de manière efficace sont plus à même de prévenir les conflits avant qu'ils ne se produisent. Les conflits peuvent souvent survenir en raison d'un manque de communication, ou lorsque les parties impliquées ne comprennent pas les besoins et les attentes de l'autre. Il est important d'être attentif aux signes avant-coureurs de conflits, comme on l'a vu juste avant.

La définition de limites claires peut également prévenir les conflits. Les limites peuvent inclure des choses comme des horaires de travail ou des tâches assignées, des espaces personnels et des préférences personnelles. Lorsque des limites claires sont définies, il y a moins de place pour les malentendus et les conflits. En reconnaissant les besoins et les sentiments des autres, on peut également éviter les conflits. Par exemple, si une personne est stressée ou contrariée, il est important d'être sensible à sa situation et de faire preuve d'empathie pour éviter que les tensions ne s'aggravent.

Selon une étude menée par la Fondation pour la paix, la communication est la compétence la plus importante pour prévenir les conflits. Dans cette étude, les personnes qui ont une communication efficace ont une plus grande capacité à prévenir les conflits et à les résoudre de manière constructive. En outre, une étude publiée dans le Journal of Social and Personal Relationships a révélé que la reconnaissance des besoins et des sentiments des autres peut améliorer les relations et réduire les conflits.

En somme, prévenir les conflits peut être accompli en favorisant une communication ouverte et honnête, en définissant des limites claires et en reconnaissant les besoins et les sentiments des autres. Ces pratiques peuvent aider à maintenir des relations saines et à éviter les tensions inutiles.

Abordons maintenant **la résolution de conflits,** c'est une compétence importante qui peut aider à maintenir des relations saines. Voici quelques points importants à considérer pour résoudre les conflits de manière constructive :

- **Communication ouverte et honnête :** Il est important d'exprimer clairement ses besoins et ses sentiments, ainsi que d'écouter les besoins et les sentiments de l'autre personne. Cela peut aider à éviter les malentendus et à trouver des solutions qui conviennent à tout le monde.

- **Chercher un terrain d'entente :** Trouver un point commun qui peut servir de base pour résoudre le conflit. Cela peut aider à éviter les blocages et à faciliter la recherche de solutions.

- **Utiliser des techniques de résolution de conflits :** Il existe de nombreuses techniques de résolution de conflits, telles que la négociation, la médiation et l'arbitrage. Ces techniques peuvent aider à faciliter la résolution du conflit en fournissant un cadre structuré pour les discussions.

- **Négocier :** La négociation est une compétence importante qui peut aider à trouver des solutions qui conviennent à tout le monde. Cela peut impliquer de faire des compromis et de trouver des solutions créatives qui répondent aux besoins de chaque partie.

Le but de la résolution de conflits est de trouver une solution qui satisfait les besoins de chacun. Cela peut aider à prévenir de futurs conflits et à maintenir des relations saines. En fin de compte, il est important de se rappeler que la résolution de conflits est un processus et que cela peut prendre du temps et des efforts pour parvenir à une solution satisfaisante pour tous.

La gestion des émotions est essentielle dans la résolution de conflits, car les émotions peuvent souvent aggraver la situation. Voici quelques points clés à retenir :

- **Prenez le temps de vous calmer :** Lorsque vous êtes confronté à un conflit, il est important de prendre quelques instants pour vous calmer avant de répondre. Cela vous permettra de mieux contrôler vos émotions et de réfléchir à une réponse constructive.

- **Évitez de réagir impulsivement :** Les réactions impulsives peuvent souvent aggraver la situation et mener à des conflits plus graves. Essayez plutôt de répondre de manière réfléchie et mesurée.

- **Comprenez les émotions des autres :** Il est important de prendre en compte les émotions des autres parties impliquées dans le conflit. Essayez de comprendre leur point de vue et leurs sentiments, même si vous ne les partagez pas.

- **Restez concentré sur les faits :** Il est facile de se laisser emporter par ses émotions pendant un conflit, mais il est important de rester mais il est important de rester concentré sur les faits pour trouver une solution constructive.

- **Utilisez des techniques de relaxation :** Des techniques telles que la respiration profonde, la méditation ou le yoga peuvent vous aider à gérer vos émotions et à rester calme pendant un conflit.

- **Évitez les comportements agressifs :** Les comportements agressifs, comme l'insulte ou la menace, peuvent rapidement envenimer un conflit. Évitez-les autant que possible pour maintenir une communication constructive.

En gérant vos émotions de manière efficace, vous pouvez mieux contrôler vos réactions et travailler vers une résolution de conflit plus constructive et positive.

En conclusion, la gestion des conflits est un aspect crucial de toute relation saine, qu'elle soit personnelle ou professionnelle. En apprenant à comprendre la nature des conflits, à identifier les signes avant-coureurs, à les prévenir, à les résoudre et à gérer les émotions qui les accompagnent, vous pouvez développer les compétences nécessaires pour gérer les conflits de manière efficace et constructive. La résolution des conflits peut être difficile, mais en utilisant les bonnes techniques et en faisant preuve de patience et de persévérance, vous pouvez restaurer les relations endommagées et renforcer la confiance. Dans le prochain chapitre, nous aborderons les erreurs courantes que nous commettons tous dans nos relations et comment les éviter.

CHAPITRE 4 :

FAIRE GRANDIR UNE RELATION EN ÉVITANT LES PIÈGES COURANTS

Les erreurs courantes dans les relations et comment les éviter

J'avais un ami très proche, Laurent, avec qui je partageais beaucoup de choses. Nous passions la plupart de notre temps libre ensemble et nous étions presque inséparables. Cependant, un jour, j'ai commencé à remarquer que nous avions pris l'habitude de nous plaindre l'un à l'autre de nos vies respectives plutôt que de chercher des solutions ou simplement profiter de notre temps ensemble. Au lieu de renforcer notre amitié, nous étions devenus des sortes de confident à qui l'on déverse ses frustrations.

Cela a commencé à peser sur notre relation et j'ai compris que nous devions changer notre façon d'interagir. J'ai suggéré à Laurent que nous nous concentrions plutôt sur des activités positives que nous pourrions faire ensemble, et que nous gardions nos conversations plus légères et joyeuses. Avec le temps, nous avons réussi à renouer avec cette dynamique positive qui avait fait la force de notre amitié. Aujourd'hui, nous sommes plus proches que jamais et nous faisons toujours de notre mieux pour éviter de retomber dans les pièges de la négativité et de la plainte.

Comprendre les erreurs courantes dans les relations est essentiel pour maintenir une relation saine et épanouissante. Trop souvent, nous tombons dans les mêmes pièges et commettons les mêmes erreurs qui peuvent conduire à la rupture de la relation. En prenant le temps d'analyser ces erreurs courantes, nous pouvons les éviter et faire grandir notre relation. Cela nous permet également de mieux comprendre les besoins et les attentes de notre partenaire, ainsi que de mieux communiquer avec lui. En fin de compte, comprendre les erreurs courantes dans les relations nous permet de construire une relation solide et durable, basée sur la confiance, le respect et l'amour.

Dans une relation, la **routine** peut s'installer rapidement et causer de la monotonie. Cette monotonie peut avoir un impact négatif sur la relation en la rendant moins intéressante et épanouissante. Il est donc important de savoir comment gérer la routine pour maintenir une relation saine et épanouissante.

- **La monotonie et son impact sur la relation :** La routine peut entraîner une certaine monotonie dans la relation. Les activités régulières et les habitudes qui se répètent peuvent rendre la relation moins intéressante et moins satisfaisante. La monotonie peut également causer un manque d'excitation et de surprise, ce qui peut diminuer l'enthousiasme dans la relation. Si la monotonie n'est pas gérée correctement, elle peut conduire à la frustration, à l'ennui et, à terme, à la détérioration de la relation.

- **Comment briser la routine :** Il est important de briser la routine pour maintenir une relation épanouissante. Cela peut se faire en changeant les habitudes, en essayant de nouvelles activités ou en explorant de nouveaux endroits ensemble. Cela permet de découvrir de nouvelles expériences, de se rapprocher l'un de l'autre et de renouveler l'enthousiasme dans la relation. Il est également important de prendre le temps de planifier des moments spéciaux ensemble, comme des dîners romantiques, des week-ends de détente ou des vacances, pour ajouter de l'excitation et de l'aventure dans la relation.

- **Importance de la communication pour éviter la routine :** La communication est essentielle pour éviter la routine dans une relation. Les partenaires doivent être ouverts et honnêtes l'un envers l'autre sur leurs besoins et leurs attentes, et doivent être prêts à travailler ensemble pour trouver des moyens de maintenir une relation épanouissante. En communiquant régulièrement et en partageant des idées, des envies et des aspirations, les partenaires peuvent mieux comprendre les besoins et les désirs de l'autre et trouver des moyens de les satisfaire ensemble. La communication est donc un élément clé pour briser la routine et maintenir une relation épanouissante.

Lorsque nous sommes dans une relation, il est courant de ressentir de la **jalousie**. Cependant, la jalousie excessive peut avoir des effets négatifs sur la relation et la confiance entre les partenaires. Il est important de comprendre les causes de la jalousie et comment la gérer pour renforcer la confiance et maintenir une relation saine.

- **Les causes de la jalousie dans les relations :** La jalousie peut être causée par divers facteurs tels que le manque de confiance en soi, les expériences passées de trahison ou de tromperie, les différences d'opinion sur la fidélité, les comportements suspects du partenaire ou les relations passées de ce dernier. Il est important d'identifier les causes de la jalousie pour la gérer efficacement.

- **Les effets négatifs de la jalousie sur la relation :** La jalousie excessive peut causer des problèmes dans la relation tels que la méfiance, la colère, la possessivité, la tension, la rupture de communication, le manque de respect et même la fin de la relation. Il est donc essentiel de comprendre les effets négatifs de la jalousie sur la relation pour prendre les mesures nécessaires pour la gérer.

- **Comment éviter et gérer la jalousie :** Pour éviter et gérer la jalousie, il est important de travailler sur soi-même et sur la relation.

Les moyens de le faire incluent le renforcement de la confiance en soi, la communication ouverte et honnête avec le partenaire, la reconnaissance et l'acceptation des différences, la réduction des situations pouvant causer la jalousie et la recherche d'aide professionnelle si nécessaire.

- **Renforcer la confiance dans la relation :** La confiance est l'un des éléments clés d'une relation saine et épanouissante. Pour renforcer la confiance dans la relation, il est important de respecter les limites de l'autre, de faire preuve de transparence et de respecter les engagements. La communication est également cruciale pour renforcer la confiance, car elle permet de clarifier les attentes, de résoudre les problèmes et de se comprendre mutuellement.

Dans une relation, il est facile de succomber aux **attentes irréalistes**. Que ce soit envers soi-même ou envers son partenaire, les attentes irréalistes peuvent causer des déceptions et des conflits inutiles. Nous allons examiner les différentes formes d'attentes irréalistes, leur impact sur la relation, et comment les éviter.

- **Les attentes irréalistes dans les relations :** Les attentes irréalistes peuvent prendre de nombreuses formes dans une relation. Cela peut inclure des attentes non réalistes concernant les comportements de son partenaire, ses croyances, ses opinions ou ses sentiments. Par exemple, penser que son partenaire doit toujours être heureux et positif peut être une attente irréaliste.

- **Les conséquences négatives des attentes irréalistes sur la relation :** Les attentes irréalistes peuvent causer des problèmes dans une relation. Elles peuvent causer de la frustration, de la colère et de la déception lorsque ces attentes ne sont pas satisfaites. Elles peuvent également conduire à une perte de confiance en soi et en son partenaire.

- **Comment éviter les attentes irréalistes :** La première étape pour éviter les attentes irréalistes est de prendre conscience de leur existence. Il est important de se rappeler que chaque personne est unique et a ses propres limites, ses propres croyances et ses propres besoins.

Apprendre à accepter et à respecter ces différences peut aider à éviter les attentes irréalistes. Il est également important de communiquer ouvertement avec son partenaire pour s'assurer que les attentes sont réalistes et mutuellement acceptables.

- **Importance de la communication pour éviter les attentes irréalistes :** La communication est essentielle pour éviter les attentes irréalistes dans une relation. Cela permet de clarifier les attentes, de définir des limites et de s'assurer que chaque personne est sur la même longueur d'onde. Cela peut aider à éviter les malentendus et les conflits inutiles, ainsi qu'à renforcer la confiance et la compréhension mutuelle dans la relation.

Entretenir une relation saine nécessite des actions positives régulières. Cela peut inclure des gestes simples tels que des compliments, des câlins, des sourires, des petits cadeaux ou des actes de gentillesse. Ces gestes peuvent sembler insignifiants, mais ils ont un impact significatif sur la relation en renforçant la confiance, en montrant de l'affection et en renforçant la connexion émotionnelle.

Les actions positives sont également importantes pour maintenir l'équilibre dans la relation et pour éviter que l'un des partenaires ne se sente négligé ou sous-estimé. Enfin, les actions positives aident à maintenir la romance dans la relation en faisant en sorte que chaque partenaire se sente aimé, apprécié et valorisé.

Reconnaître et apprécier les différences dans la relation est crucial pour maintenir une relation saine et épanouissante. Cela peut inclure des différences culturelles, d'âge, de personnalité, d'intérêts, etc.

Voici quelques conseils pour reconnaître et apprécier ces différences :

- Évitez de juger ou de critiquer les différences de votre partenaire. Au lieu de cela, essayez de comprendre et d'apprécier ce qui rend votre partenaire unique.

- Essayez de vous impliquer dans les intérêts de votre partenaire, même s'ils ne sont pas les vôtres. Cela peut vous aider à mieux comprendre leur point de vue et à renforcer votre lien.

- Apprenez à communiquer efficacement sur les différences dans votre relation. Si quelque chose vous dérange, parlez-en avec votre partenaire de manière ouverte et honnête.

- Profitez des différences pour apprendre de nouvelles choses et pour expérimenter ensemble. Cela peut vous aider à découvrir de nouvelles activités que vous pourriez apprécier ensemble.

Apprécier et reconnaître les différences dans la relation peut aider à renforcer votre lien et à mieux comprendre votre partenaire. Cela peut également conduire à une vie plus riche et plus épanouissante ensemble.

En conclusion de ce chapitre, il est important de noter que les relations sont complexes et nécessitent un travail constant pour les maintenir épanouissantes. Nous avons abordé plusieurs pièges courants à éviter, tels que la monotonie, la jalousie et les attentes irréalistes. En travaillant à reconnaître et à éviter ces pièges, nous pouvons faire grandir notre relation et renforcer la confiance avec notre partenaire.

Il est également crucial de se concentrer sur les actions positives pour entretenir une relation saine, telles que la communication, la reconnaissance et l'appréciation des différences de notre partenaire. En comprenant et en respectant les besoins de notre partenaire, nous pouvons construire une relation solide et épanouissante.

Pour résumer les stratégies discutées dans ce chapitre, voici mes derniers conseils :

- Planifiez des activités nouvelles et excitantes pour briser la routine et maintenir l'enthousiasme dans votre relation

- Évitez de comparer votre relation avec celle des autres et concentrez-vous sur votre propre parcours de croissance ensemble

- Prenez le temps de discuter régulièrement avec votre partenaire pour clarifier les attentes et éviter les malentendus

- Exprimez votre gratitude et votre reconnaissance envers votre partenaire pour les actions positives qu'il/elle fait dans la relation

CHAPITRE 5 :

RENFORCER VOTRE RELATION AVEC DES ACTIVITÉS SIGNIFICATIVES

Des idées pour les activités créatives et les aventures à faire ensemble.

Je me souviens d'une fois où ma partenaire et moi avons décidé de faire une randonnée dans une forêt près de chez nous. Nous avons pris le temps de planifier notre journée en choisissant le sentier que nous voulions emprunter et en préparant notre équipement. Pendant la randonnée, nous avons eu l'occasion de parler, de nous amuser et de profiter de la beauté de la nature. Cette journée a renforcé notre relation et nous avons créé des souvenirs significatifs ensemble.

Dans ce chapitre, nous allons discuter de l'importance de renforcer votre relation en faisant des activités significatives ensemble. Que ce soit des activités romantiques, des aventures passionnantes ou créatives, ces expériences partagées renforcent votre lien avec votre partenaire. Nous allons vous donner des conseils pratiques, des idées d'activités et des exemples concrets pour vous aider à améliorer votre relation de manière significative.

Les activités romantiques (si vous avez un partenaire) peuvent aider à renforcer votre relation de différentes manières. Voici quelques avantages :

- **Créer une connexion émotionnelle :** Les activités romantiques peuvent aider à renforcer la connexion émotionnelle entre vous et votre partenaire. Elles peuvent vous aider à vous ouvrir l'un à l'autre et à approfondir votre compréhension mutuelle.

- **Stimuler l'intimité physique :** Les activités romantiques peuvent également stimuler l'intimité physique entre vous et votre partenaire. Elles peuvent aider à renforcer votre connexion physique et à maintenir une relation sexuelle satisfaisante.

- **Réduire le stress :** Les activités romantiques peuvent également aider à réduire le stress et à améliorer votre bien-être général. Elles peuvent aider à éliminer le stress de votre vie quotidienne et à vous donner un moment de détente avec votre partenaire.

Voici quelques conseils pour planifier des activités romantiques :

- **Soyez créatif :** Pensez en dehors des sentiers battus et essayez des activités différentes et uniques pour stimuler l'excitation dans votre relation.

- **Trouvez un équilibre :** Trouvez un équilibre entre les activités que vous aimez tous les deux et celles qui sont nouvelles et excitantes.

- **Investissez du temps :** Investissez du temps dans la planification et la mise en œuvre de vos activités romantiques. Cela montre à votre partenaire que vous vous souciez de votre relation et que vous êtes prêt à y investir du temps et de l'effort.

- **Communiquez :** Communiquez avec votre partenaire sur ce que vous voulez et ce que vous appréciez dans une activité romantique. Cela peut aider à éviter les malentendus et à s'assurer que vous êtes tous les deux sur la même longueur d'onde.

La routine peut tuer la passion et l'excitation dans une relation. Pour lutter contre cela, il est important de sortir de votre zone de confort et de vous lancer dans de nouvelles aventures ensemble.

Voici quelques conseils pour vous aider à planifier des aventures excitantes :

- **Découvrez de nouveaux endroits :** Essayez de nouvelles activités dans des endroits que vous n'avez jamais explorés auparavant. Par exemple, planifiez une randonnée dans un parc national, ou visitez un musée local.

- **Ayez un passe-temps commun :** Trouvez un passe-temps que vous pouvez faire ensemble, comme apprendre une nouvelle langue, cuisiner ou danser. Cela peut renforcer votre lien et vous donner un intérêt commun à partager.

- **Essayez des sports extrêmes :** Si vous êtes tous les deux aventuriers, essayez des sports extrêmes comme la plongée sous-marine, le saut en parachute ou le snowboard. Cela peut être une expérience excitante et stimulante à partager ensemble.

Les recherches montrent que les couples qui font des activités excitantes ensemble ont des relations plus satisfaisantes et plus fortes. Une étude publiée dans le Journal of Personality and Social Psychology a révélé que les couples qui faisaient des activités nouvelles et stimulantes ensemble ressentaient une augmentation de l'amour et de la passion dans leur relation.

En bref, sortir de votre zone de confort et planifier des aventures excitantes ensemble peut renforcer votre lien et ajouter de l'excitation à votre relation. Essayez de nouvelles activités, trouvez un passe-temps commun, essayez des sports extrêmes et planifiez des escapades pour stimuler votre relation et renforcer votre lien.

Les activités créatives peuvent être une excellente façon de renforcer votre relation. En travaillant ensemble sur des projets créatifs, vous pouvez stimuler votre imagination et votre créativité tout en renforçant votre connexion émotionnelle.

Voici quelques idées d'activités créatives pour vous inspirer :

- **Peindre ou dessiner :** Que vous soyez des amateurs ou des professionnels, peindre ou dessiner ensemble peut être une activité amusante et enrichissante. Vous pouvez également créer des œuvres d'art que vous pouvez accrocher dans votre maison pour vous rappeler de votre expérience ensemble.

- **Faire de la poterie :** L'argile est un matériau amusant et facile à travailler, et faire de la poterie ensemble peut être une expérience enrichissante. Vous pouvez même créer des cadeaux pour vos amis et votre famille.

- **Créer de la musique ensemble :** Vous n'avez pas besoin d'être un musicien professionnel pour créer de la musique ensemble. Vous pouvez simplement jouer avec des instruments ou chanter ensemble. Vous pouvez même enregistrer vos performances pour les écouter plus tard.

- **Écrire ensemble :** Écrire ensemble peut être une excellente façon de stimuler votre créativité et votre imagination. Vous pouvez écrire des histoires, des poèmes ou même des chansons.

- **Cuisiner :** Cuisiner ensemble peut être une activité amusante et délicieuse. Vous pouvez essayer de nouvelles recettes ou même créer vos propres recettes à partir de zéro.

En bref, les activités créatives peuvent être une excellente façon de renforcer votre relation en travaillant ensemble sur des projets créatifs. Que vous soyez un artiste, un musicien ou un écrivain en herbe, il y a une activité créative pour vous.

Alors, laissez libre cours à votre imagination et commencez à créer ensemble !

CONCLUSION

La vie est remplie de relations, que ce soit avec notre partenaire, notre famille, nos amis ou nos collègues de travail. Chaque relation est unique et nécessite une attention particulière pour la maintenir en bonne santé. Dans ce livre, nous avons exploré les erreurs courantes que nous commettons tous dans nos relations et comment les éviter pour faire grandir notre relation. Nous avons également examiné l'importance de renforcer notre relation en faisant des activités significatives.

Nous avons appris que la gestion de la routine, la jalousie et les attentes irréalistes peuvent nuire à une relation. Pour éviter ces erreurs courantes, nous avons donné des conseils pratiques pour la gestion de la routine, la communication pour éviter la jalousie et les attentes irréalistes. Nous avons également présenté des idées pour des activités romantiques, des aventures et des activités créatives à faire ensemble pour renforcer la relation.

Il est important de rappeler que chaque relation est unique et nécessite une attention particulière. Nous devons être conscients de nos actions et de nos comportements envers nos partenaires et travailler constamment à maintenir une relation saine. En appliquant les stratégies discutées dans ce livre, nous pouvons améliorer nos relations de manière significative et épanouissante. Rappelez-vous que la communication, la reconnaissance des différences et les activités significatives sont les clés pour maintenir une relation saine et heureuse.

Enfin, je tiens à vous remercier. Merci de m'avoir donné l'opportunité de partager ces informations avec vous. J'espère que vous avez trouvé ce livre informatif et utile dans votre propre relation. N'hésitez pas à me faire part de vos commentaires ou de vos suggestions pour améliorer mes futures publications.

Merci de votre confiance et de votre soutien !

Viken

Printed in France by Amazon
Brétigny-sur-Orge, FR